BIBLIOTHÈQUE DRAMATIQUE

Théâtre moderne.

LES

FILLES D'ARGILE

FOLIE-VAUDEVILLE EN UN ACTE,

IMITÉE

DES FILLES DE MARBRE,

PAR

MM. HYACINTHE DUBACQ ET ÉDOUARD JALOUX.

PRIX : 60 CENTIMES.

PARIS.

MICHEL LEVY FRÈRES, RUE VIVIENNE, 2 BIS.

MARSEILLE.

LAFFITTE & ROUBAUD, ALLÉES DE MEILHAN, 18.

DUTERTRE, PLACE ROYALE, 3.

1855.

LES

FILLES D'ARGILE

FOLIE-VAUDEVILLE EN UN ACTE,

IMITÉE

DES FILLES DE MARBRE,

PAR

MM. HYACINTHE DUBACQ ET ÉDOUARD JALOUX,

Mise en scène de M. Girel,

Représentée, pour la première fois, sur le théâtre du Gymnase,
le 16 janvier 1855.

ADMINISTRATION TRONCHET.

PARIS.
MICHEL LEVY FRÈRES, RUE VIVIENNE, 2 BIS.
MARSEILLE.
LAFFITE & ROUBAUD, ALLÉES DE MEILHAN, 18.
DUTERTRE, PLACE ROYALE, 3.

1855.

DISTRIBUTION DE LA PIÈCE.

RAPHAEL BEAUMINOIS, peintre statuaire,	MM.	POIRIER.
ÉPAMINONDAS CHAUMINET, propriétaire,		MERCIER.
CHIGNOLET, portier,		BAUMAS.
MARIE, jeune ouvrière,	Mmes	D'HERBLAY.
MARCO PASIPHAÉ, } grisettes,		FROMENT.
ZIZI, } grisettes,		BAPTISTINE.

La scène se passe à Paris, de nos jours.

Nota. Toutes les indications sont prises de la salle. — Les personnages sont placés en tête des scènes dans l'ordre qu'ils occupent, c'est-à-dire que le premier inscrit tient la gauche du spectateur. Les changements de position sont indiqués par des renvois.

Marseille. — Typ. et Lith. de Jules Barile, rue Paradis, 15.

LES FILLES D'ARGILE.

Le théâtre représente l'intérieur de l'atelier de peinture de Raphaël. Porte au fond. Porte à gauche donnant sur une galerie de tableaux. Porte à droite donnant dans une autre pièce. A droite, au fond, dans l'angle du décor, un rideau cachant un piédestal taillé dans le mur qui est ouvert en arceau et communique avec la pièce voisine. Sur ce piédestal sont les trois statues d'argile qui doivent être représentées par trois dames de la même taille que celles qui remplissent les trois rôles. A gauche une cheminée et une table avec pinceaux, couleurs et palettes. A droite, au fond, un chevalet. A droite et à gauche sur le devant une chaise. Fond de jardin, portraits, attirail de peinture.

SCÈNE Ire.

CHIGNOLET, RAPHAEL.*

(*Raphaël dort à cheval sur une chaise à droite.*)

CHIGNOLET (*entrant du fond, tenant des papiers à la main.*)

M. Raphaël ! M. Raphaël ! (*l'apercevant.*) Tiens ! il dort, à cheval, comme Henri IV sur le pont Neuf... Il aura trop dansé à Mabille cette nuit... Voilà bien les artistes ! fainéants et dormeurs ! J'aurais été, moi, un excellent artiste ! Ah ! Dieu ! je ne serais plus obligé de tirer, comme je le fais, le diable par la queue, en la personne d'un cordon, dur, comme un locataire à payer son terme... Est-ce là une condition, dites-moi ? être emprisonné dans sa niche, comme Diogène dans son tonneau, ayant pour seuls compagnons une femme, une vraie femme, celle-là, dotée par la nature d'un mètre soixante-quinze centimètres de langue, et un chat... un chat amoureux qui fait des orgies sur les

* Chignolet, Raphaël.

gouttières... c'est immoral... c'est atroce, ça n'a pas de nom !

RAPHAEL (*rêvant.*)

Zizi, Pasiphaë, Marie, ma bonne petite Marie !

CHIGNOLET.

Il rêve à ses amours... Il faut pourtant que je lui remette ces cinq quittances... Voilà déjà quatorze fois que le prepriétaire m'envoie... joignons au tout la signification de congé que l'huissier m'a remise, plus cette lettre à son adresse.

RAPHAEL (*rêvant toujours..*)

Ruiné ! ruiné ! rendez-moi mon portefeuille... que je paie mes dettes ! (*se levant en sursaut.*) Les huissiers ! à moi ! on en veut à mes jours ! à mes bottes, à mes faux-cols ! (*Il retombe sur la chaise à gauche.*)

CHIGNOLET.

Oh ! ses faux-cols ! il n'en a qu'un ! je le sais par expérience... car c'est ma femme qui le blanchit...Tenez... (*Il lui donne un papier.*)

RAPHAEL.

L'ordre de me mettre dedans ?

CHIGNOLET.

Au contraire, c'est celui de vous mettre dehors...

RAPHAEL (*le regardant.*)

Que je suis donc bête ! C'est Chignolet, mon portier.

CHIGNOLET.

Pour vous servir, Monsieur. (*à part.*) C'est un faible, c'est vrai... mais j'ai toujours aimé les artistes.

RAPHAEL.

Qu'y a-t-il pour votre service ?

CHIGNOLET.

Vous savez bien... les cinq dernières quittances !... plus cette lettre qu'on m'a remise pour vous...

RAPHAEL.

De l'argent ! toujours de l'argent ! comme si on ne pouvait pas s'en passer !.. je m'en passe bien, moi ! Tu

' Raphaël, Chignolet.

diras au propriétaire que je n'en ai pas... que pourtant s'il veut m'en prêter, je m'imposerai le devoir de lui donner un léger à-compte.

CHIGNOLET.

Mais il y a deux mois ne m'avez-vous pas dit que vous aviez fait un héritage?

RAPHAEL.

C'est vrai... tu es intelligent, portier... mais, tu le sais, chacun de nous vient au monde sous une étoile plus ou moins heureuse... mon étoile, à moi, c'est la lune.

CHIGNOLET.

La lune!

RAPHAEL.

J'ignorais, quand je reçus cet héritage, que le célèbre astronome Arago avait prédit pour ce jour-là une comète.

CHIGNOLET.

Ah! oui, une comète! c'est quand la lune à la queue?

RAPHAEL.

Précisément. Mais cette queue en fut une de malheur pour moi. Electrisé par ce bonheur inattendu, j'invitai mes compagnons d'infortune, de travail et de plaisir, à fêter sa bienvenue dans un grand banquet. Attention, tu vas voir ma comète!... Peu confiant en ce bahut, habité par cette désagréable race d'animaux rongeurs...

CHIGNOLET.

Ah! oui, les rats....

RAPHAEL.

Les rats! c'est cela... je confiai à la poche de mon habit mon précieux dépôt.

CHIGNOLET.

Vous fîtes bien... car les rats, ça flaire les écus...

RAPHAEL.

Et ça les digère... j'en sais quelque chose... Mais peine perdue! Tu vas voir ma comète... La race de ces animaux dévorants couvre la terre... Or, ceux de Mabille, alléchés par l'odeur de ma poche, m'entraînèrent à fêter Momus, Bacchus, Vénus et une foule d'autres divinités toutes plus ou moins en us... Enivré du Champagne peu frappé de ce lieu séduisant, ce qui ne l'empêcha pas de me frapper fortement à la tête, lancé comme un cerf, volant des baisers à droite et à gauche, fou de joie, je perdis dans ces exercices...

CHIGNOLET.

Je comprends...

RAPHAEL.

Minuit sonnant, le garçon me présente une note exorbitante.. je dus payer...

CHIGNOLET.

Avec quoi, Monsieur ?

RAPHAEL.

Je dus payer d'aplomb.

CHIGNOLET.

Dans ce moment, je crois que vous ne l'étiez guère...

RAPHAEL.

Furieux, je m'armai...

CHIGNOLET.

Vous aviez l'intention de tuer quelqu'un, Monsieur ?

RAPHAEL.

Je m'armai de toupet, imbécille ! et je m'approchai sans balancier de la dame du comptoir. Tu vas voir ma comète. — Cette dame qui était un monsieur peu sensible, sans pitié pour mes revers, envoya chercher la garde qui mit la main sur ceux de mon habit... A peine étais-je écroué, que déjà.. j'étais libre.. ma note venait d'être payée. . par qui ? je ne sais... Eh bien ! mon pauvre Chignolet, sous quel point de vue entrevois-tu ma comète ?

CHIGNOLET.

AIR : *J'en guette un petit de mon âge.*

Je la vois sous ce point de vue,
Que quoique, hélas ! très-bon garçon,
Le patron n'a pas la berlue,
Et n'entendra pas de raison.
Le drôle n'est point aussi bête !
Néanmoins je lui parlerai...
Bien mieux encore je tâcherai...
De lui faire voir la comète.

— Et peut-être attendra-t-il un peu ?

RAPHAEL.

Si tu fais cela, ô portier généreux, cent sous seront ta récompense ! Voici un à-compte.

CHIGNOLET.

Deux sous !

RAPHAEL.

Tu refuses ?

CHIGNOLET.

Energiquement.

RAPHAEL.

C'est bien. Tu es un homme intègre, toi ! Enfin j'en ai trouvé un ! A Lacédémone on t'aurait chargé de tirer le cordon de la République. (*Mettant les deux sous dans sa poche.*) Bon pour deux sous de tabac !

CHIGNOLET.

Alors je vais de ce pas montrer votre comète au propriétaire. Si vous aviez un télescope à lui prêter, il la verrait mieux. (*Il remonte.*)

RAPHAEL.

Farceur ! est-il farceur cet excellent M. Chignolet ?

CHIGNOLET.

Adieu, M. Raphaël.

(*Il sort par le fond.*)

SCÈNE II.

RAPHAEL.

Parti ! enfin ! Les propriétaires et les portiers, ça me crispe les jours de terme... C'est toujours du temps que je vais gagner... et d'ici là je pourrai mettre mon projet à exécution ! .. En attendant je vais fumer une pipe pour déjeûner... C'est mon ordinaire... ordinaire... Car depuis le jour fatal où mon bonheur s'est envolé, je n'ai plus qu'une faim, celle de voir la mienne assouvie... Où est mon tabac ? - (*En fouillant dans sa poche, il trouve la lettre que Chignolet lui a remise avec les quittances.*) Ah ! j'oubliais cette lettre que Chignolet m'a remise...Que vois-je ? l'écriture de Pasiphaë... une ravissante fleuriste dont le cœur est tenu en partie double, le crédit ouvert à un ex-fabricant de bouchons retiré, dont la fortune est aussi solide que ce que sa marchandise fut légère... Le crédit à votre serviteur... (*Lisant.*)– «Cher Raphaël, je t'écris ces deux doigts de mots. » (*Parlé.*) – Quel style ! —(*lisant.*) — « Pour te faire savoir que mon négociant de bouchons m'embête » — (*parlé.*) Alors fais-le sauter ! — Diable ! C'est ce qu'elle a fait (*lisant.*) « Je suis donc à toi tout entière. » (*parlé*) Très flatté. (*lisant*) « et pour la vie ; » (*parlé*) C'est un peu long (*lisant*) « car je t'aime, virgule. » (*parlé.*) pourquoi virgule ? — Post Scriptum « Il » me faut deux cents francs pour porter le deuil du bon- » homme de liège. Mon petit Raphaël, je compte sur toi. » Merci de l'honneur ! Comprend-on ces petites mijaurées ? Parce qu'on a eu la faiblesse de les honorer de quelques familiarités, les voilà qui s'arrogent un droit d'hypothèque sur votre personne ! Passe encore quand elles n'étaient que de simples ouvrières !.. Elles étaient gentilles alors, désintéressées... mais depuis qu'elles ont perdu leurs aiguilles, elles ont fait bien du progrès ! O grisettes, mes amours, qu'êtes-vous devenues? Jolies filles, moitié cigales, moitié fourmis, qui travailliez en chantant toute la semaine, demandant seulement à Dieu un ciel d'azur le dimanche, vous avez disparu sans retour !

AIR : *de la Lorette.*

Jeunes grisettes,
Que de conquêtes,
Chaque matin, partant pour l'atelier !
Par trop coquettes,
Bientôt vous êtes
Sur le tapis des cancans du quartier.

Lors Cupidon vous touchant de ses ailes,
Offre à vos yeux vingt amants aux abois ;
Au dieu d'amour vous montrant moins cruelles,
Vous commencez par un, puis deux, puis trois.
Viennent les fêtes
Et les toilettes !
Bref, vous roulez sur un chemin de fer,
Qui vous emmène
Et vous entraîne,
Ne s'arrêtant qu'aux gares de l'Enfer.

Puis au travail, pleines de lassitude,
Vos blanches mains se ferment pour toujours ..
On prend sitôt cette horrible habitude !
Mais la paresse est la sœur des amours !
Dans la folie
Et dans l'orgie,
Vous vous plongez en l'honneur de Bacchus,
Car sans médire,
Je puis le dire,
Le dieu Champagne a détrôné Vénus.

Le carnaval que tous les ans ramène,
Pour couronner les excès du plaisir,
De vos amours verse à tous la fontaine,
Car votre cœur ne peut jamais tarir.
Mesdemoiselles,
Vous voilà telles,
Que votre honte est égale à vos maux !
Et de candides,
Beautés cupides,
Vous prenez place au milieu des Marcos !

SCÈNE III.

PASIPHAE, RAPHAEL.

(*Pasiphaë entre du fond, d'un air consterné; elle est dans un accoutrement pitoyable; elle a une robe d'indienne qui lui reste à mi-jambe, un vieux tartan et un vieux chapeau en paille garni de rubans verts et surmonté d'un voile jaune.*)*

RAPHAEL.

Vous ici, Pasiphaë, dans ce délabrement! (*A part.*) C'est toujours l'effet de la comète.

PASIPHAÉ.

Oui, Monsieur, moi-z-ici! ah! mon cher, si vous saviez, il m'en arrive une sévère! figure-toi que mon vieux Cassandre a surpris notre correspondance...(*A part.*) Je ne lui dis pas que c'est avec un prince russe qu'il m'a surprise en conversation... honnête (*Haut.*) Et alors, il a roulé des yeux, il a jeté des cris, il est entré enfin dans une fureur à faire sécher de dépit les ours du Jardin des Plantes... j'ai même vu le moment où il me battait... s'il ne s'en était pris qu'à moi encore!... mais, mes effets, mes innocents effets!... il a tout brûlé, tout gaspillé!... Pour venir te demander un asile, ô le bien aimé de mon cœur, il m'a fallu emprunter ce que tu vois à ma portière.

RAPHAEL.

Pauvre biche poursuivie par un impitoyable limier, viens sur mon cœur!

PASIPHAÉ. (*Obéissant.*)

Hélas!

RAPHAEL.

Trois fois hélas! et que comptes-tu faire?

PASIPHAÉ.

Tu me le demandes, ingrat! quand pour toi je sacrifie tout... Position, fortune, que me fait tout cela? le plus beau palais vaut-il un seul de tes baisers? Les plus belles parures un seul de tes sourires... Je t'aime, m'aimes-tu? L'univers entier est dans ces deux mots.

RAPHAEL.

Ah! ça, mais, c'est un mille pattes que cette femme-là!

(*Chauminet paraît dans le fond.*)

PASIPHAÉ.

Je vivrai de privations; ne crains rien; l'amour me don-

* Pasiphaë, Raphaël.

nera des forces pour supporter l'adverse fortune... je travaillerai nuit et jour... je ne te demanderai rien... La femme qui aime peut-elle réclamer quelque chose à l'homme de son choix, si ce n'est son amour ? Raphaël ! mon Raphaël ! — M'as-tu préparé les deux cents francs ? (*Chauminet qui a écouté, fait un signe de pitié et disparaît.*)

RAPHAEL.

Qu'en veux-tu faire ?

PASIPHAÉ.

Dam ! écoute donc ! me requinquer un peu ! j'en ai besoin, je crois...

RAPHAEL.

Il me semble... Mais c'est cinq heures... la caisse de mon banquier est fermée.

PASIPHAÉ.

Il ferme de bien bonne heure, ce Monsieur ! n'importe ! nous attendrons demain (*Fausse sortie.*)

RAPHAEL.

Où vas-tu ?

PASIPHAÉ.

Faire mon déménagement et m'installer ici. (*Fausse sortie*)

RAPHAEL.

Mais y pensez-vous ? Pasiphaë !... Pasiphaë !

PASIPHAÉ.

AIR :

Pour toi, pour la vie entière,
Je plante Monsieur Bouchon,
Et je cours chez ma portière,
Enlever mon Baluchon.

ENSEMBLE :

PASIPHAÉ.

Pour toi, pour la vie entière, etc.

RAPHAEL.

Pour moi, pour la vie entière
Plantant là Monsieur Bouchon,
Elle court chez sa portière,
Enlever son Baluchon.

(*Chauminet reparaît et la regarde sortir.*)

SCÈNE IV.

RAPHAEL, CHAUMINET. *

CHAUMINET *(venant en scène et se croisant les bras.)*

Eh! quoi? jeune homme, vous aussi vous donnez dans ce travers!... que je vous plains!

RAPHAEL.

Pourquoi?

CHAUMINET.

Pourquoi?... Naïf es-tu! j'admire ton innocence!... tiens, reste ainsi... toujours, toujours!...Car je t'aime... tu es mon locataire... c'est mon intérêt... je te tutoie, vois-tu? point ça ne t'indispose! entre propriétaires et locataires, surtout ceux qui ne paient pas leurs termes, cela se fait.

RAPHAEL.

J'en suis honoré au contraire.

CHAUMINET.

Merci! Ainsi donc, jeunes et vieux, mûrs et archi-mûrs, il faut que tous fassent la cabriole dans le panneau. Ah! malheureux! mais tu n'y as jamais songé? Les femmes, tu ne sais donc pas ce que sont les femmes?

RAPHAEL.

Ce sont de charmantes hirondelles qu'on prend avec le filet du sentiment.

CHAUMINET.

Ce sont les poètes qui ont dit cela! ils sont des niais! Les poètes, vois-tu, ça se promène toujours dans la lune, la canne à la main, les jours de pluie, et les jours de soleil, comme toi, comme tous les artistes, et ça ne paie pas son terme!... les gueux... Non, ce n'est pas cela, je le vois bien... tu ne sais pas ce que sont les femmes!

RAPHAEL.

Alors! non.

CHAUMINET.

Je vais te le dire... car tu es jeune, tu es la folie... moi, je suis mûr, je suis la raison... et je veux t'arrêter sur la pente de la cataracte où tu roules.

* Raphaël, Chauminet.

RAPHAEL.

Ah bah ! je sais nager...

CHAUMINET.

Prends garde... la confiance rend imprudent !... Les femmes, enfant, les femmes sont des animaux carnassiers qui vous grugent, vous dévorent et vous envoient mourir à l'hôpital.

RAPHAEL.

C'est qu'il y a du vrai là dedans... ce diable de M. Chauminet !

CHAUMINET.

Aussi, crois-le, si jamais j'ai une fille... non, un fils... car une fille, ma morale ne pourrait pas lui servir ; je lui dirai : tu vois bien ces donzelles, qui ont des marabouts sur leurs chapeaux, eh bien ! ce sont des hyènes, des panthères, qui vous griffent le cœur et vous vident la bourse... puis, un beau matin, vous vous trouvez au milieu de la place de la Bastille, sec et raide comme sa colonne, *in naturalibus* comme son génie.

RAPHAEL.

N-i-ni.

CHAUMINET.

Fini.

RAPHAEL.

Tant pis, car çà promettait... Bonjour, M. Chauminet, vous vous êtes toujours bien porté ; je suis enchanté de vous voir, M. Chauminet.

CHAUMINET.

Et moi donc. (*à part*) Il m'agace, l'animal! (*Haut*) Je suis venu, parce que Chignolet endoctriné par vous avait la prétention de me faire voir...

RAPHAEL.

Ah ! oui... ma comète.

CHAUMINET.

Mais comme à voir la comète, je préfère avoir mon argent, veuillez, je vous prie...

RAPHAEL.

Je vous comprends, et c'est justement pour cela que je désirais vous entretenir.

CHAUMINET.

Je suis tout oreilles.

RAPHAEL.

Donnez-moi votre chapeau... peut-être êtes vous fatigué ? Là, sans façon, voudriez-vous me faire l'honneur de prendre quelque chose avec moi ?

CHAUMINET.

Ce n'est pas de refus.

RAPHAEL.

Alors, prenons un siége !

CHAUMINET (*à part.*)

Ce garçon est bizarre. (*Haut*). En vérité vous avez des manières...

RAPHAEL.

Tout à fait artistiques... vous me ferez donc l'honneur de vous rafraîchir... (*Il se mouche.*)

CHAUMINET.

Comment donc ! (*A part.*) Je me trompais, c'est sûr.

RAPHAEL (*finissant de se moucher.*)

De vous rafraîchir la mémoire.

CHAUMINET (*à part.*)

Il vous dit çà avec tant de naturel, qu'on ne peut vraiment pas s'en fâcher. (*Haut.*) Monsieur, vos offres sont si obligeantes, qu'on ne saurait les refuser. J'accepte, Monsieur, j'ou s, Monsieur.

RAPHAEL.

Vous m'avez envoyé ce matin un papier orné d'une image représentant une dame qui tient des balances ; la justice, je crois... Je souhaite que vous ne fassiez jamais la connaissance de cette auguste personnne... Ce message était signé Gifflard.

CHAUMINET.

C'est mon huissier.

RAPHAEL.

Il a une bien vilaine écriture et un bien vilain nom, ce Monsieur ! aussi, je ne lui en fais pas mon compliment .. Je me suis empressé de déchiffrer cette dépêche.

CHAUMINET.

C'était votre congé.

RAPHAEL.

Je crois que oui... alors je voulais vous voir, pour que nous eussions à convertir ensemble cet acte, en un bail*. . Cette chartreuse me plait... mille futilités m'attachent à ces lieux....

CHAUMINET (*lui montrant les quittances.*)

Mais...

RAPHAEL.

Oh ! qu'à cela ne tienne... nous allons les liquider, Monsieur.

CHAUMINET.

Tout de suite.

RAPHAEL.

Vous êtes bien pressé ! Diable ! non, bientôt ; je suis sur la route.

CHAUMINET.

Combien a-t-elle de kilomètres votre route ?

RAPHAEL.

Hélas ! .. (*avec mystère*) Puis-je me fier à vous ?

CHAUMINET.

Sans crainte.

RAPHAEL.

Alors, voilà ! Depuis deux mois, depuis ce jour fatal... avez-vous vu ma comète ?

CHAUMIMET.

Que trop Monsieur, après...

RAPHAEL.

Depuis ce jour néfaste, où le guignon m'a séparé de mon trésor, plus de fêtes, plus de bals... Voyant le carnaval et mes cinq termes s'approcher rapidement, voyant mes plans de bonheur tomber dans l'eau, il me poussa une idée gigantesque, une idée que je dois aux heureux auteurs des Filles de Marbre, que j'ai eu le plaisir de voir représenter.

CHAUMINET.

Moi aussi, Monsieur.

RAPHAEL.

Il me vint à l'idée de reproduire ces trois chefs-d'œuvre

* Chauminet, Raphael.

de Phidias, non en marbre, mes moyens ne me le permettaient pas, mais en argile, en pied et de grandeur naturelle. Cependant, comme l'argile a une couleur désagréable à l'œil, j'ai colorié leur visage au naturel, et après deux mois de veilles brûlantes, j'ai achevé mon œuvre que je cache à tous les regards, jusqu'au moment où elle devra figurer au grand jour.

CHAUMINET.

Vous avez eu là une idée lumineuse.

RAPHAEL.

Voici mon plan : je vais les mettre en loterie.

CHAUMINET.

Ce sera long ; mais je consens à prendre patience, si vous me faites deux exemplaires de mon portrait, l'un pour mon boudoir, et l'autre pour ma salle à manger.

RAPHAEL.

Touchez-là.

CHAUMINET.

Je reviendrai dans la journée.

RAPHAEL.

Pour poser... oui, *(à part)* comme aujourd'hui.

CHAUMINET.

A revoir, mon cher Phidias.

AIR : *De la polka d'Auvergne.*

Adieu, mon cher locataire,
En cédant à vos souhaits,
Je pourrai bientôt, j'espère,
Admirer mes deux portraits.

ENSEMBLE :

CHAUMINET.

Adieu, mon cher locataire, etc.

RAPHAEL.

Adieu, mon propriétaire,
En cédant à vos souhaits,
Vous pourrez bientôt, j'espère,
Admirer vos deux portraits.

(Chauminet sort par le fond à gauche.)

SCÈNE V.

RAPHAEL, *seul.*

Ah ! que mon projet réussisse, et je suis sauvé !.. Donnons encore un coup-d'œil à mes chefs-d'œuvre !.. (*Il ouvre le rideau de droite.*) Qu'elles sont belles ! et dire que c'est de moi !.. qu'elles seront fières, celles qui m'ont servi de modèles, d'être immortalisées... en terre glaise Ah ! cette pâte mieux que le marbre est bien l'emblême du cœur féminin, qu'on pétrit à volonté. O Pasiphaë ! ô Marie ! ô Zizi ! vous êtes bien jolies, mes mignonnes, mais moins sot que Phidias, au lieu de vous demander amour et fidélité, je vous vendrai, ce qui est plus sûr et moins trompeur, et de votre argent, je me procurerai toutes les douceurs de l'existence. (*L'orchestre exécute en sourdine la polka des pièces d'or.*) J'entends les originaux, cachons mes copies ! (*Il referme le rideau.*)

SCÈNE VI.

MARIE, ZIZI, PASIPHAE, RAPHAEL. *

PASIPHAÉ (*un cabas sous son bras.*)

Me voici avec tout mon mobilier !

RAPHAEL *à part*

Toujours la queue de la comète ! (*Haut*). Emmagasine-le ! (*Elle remonte poser son cabas contre le mur de droite*).

ZIZI. **

Bonjour, Raphaël.

RAPHAEL.

Bonjour, bonjour.

ZIZI.

Es-tu des nôtres ce soir ? Il y a grand bal au punch.

PASIPHAÉ (*redescendant.*)

Oh ! j'en suis !... j'en suis, moi !

RAPHAEL.

Désolé de ne pouvoir en faire l'ornement !

MARIE (*à part.*)

Quel bonheur !

* Marie, Zizi, Pasiphaë, Raphaël.

** Marie, Pasiphaë, Zizi, Raphaël.

ZIZI.

Tu refuses... C'est mal... et quelle est ta raison ?

RAPHAEL.

Il y a baisse ce soir à la bourse.

ZIZI.

A la tienne ..Alors c'en est une d'excuse...et bonne...

MARIE.

Vous n'avez donc pas encore placé des billets de votre fameuse loterie ?

RAPHAEL.

Pas encore.

ZIZI.

J'ai des connaissances, entr'autres un mylord Catalan et un marquis Anglais ; je leur en colloquerai.

RAPHAEL.

Vous êtes trop bonne, merci... Mais vous savez, mes très-chères... je n'ai plus besoin de vos poses, les statues sont achevées.

TOUTES.

Voyons-les, voyons-les.

RAPHAEL (*tirant le rideau de droite.*)

MARIE.

Ah ! qu'elles sont jolies !

PASIPHAÉ ET ZIZI.

Ravissantes.

RAPHAEL.

Parce qu'elles vous ressemblent, petites étourdies, qui seriez si gentilles, si vous ne jetiez pas ma morale aux orties du chemin.

ZIZI.

Il ne s'agit pas de cela; tu dis donc que tu ne viens pas?..

RAPHAEL.

Par mesure d'économie.

(*Il referme le rideau.*)

PASIPHAÉ.

C'est triste... et triste deux fois... où irai-je en si peu de temps trouver un cavalier?

ZIZI.

Sois tranquille, ma chère; je te présenterai à un jeune homme très bien.

PASIPHAÉ.

Est-il riche ?

ZIZI.

Non, il est joli garçon.

PASIPHAÉ.

Tant pis...j'aurais préféré le reste... mais, bah ! on ne peut pas tout avoir.

ZIZI.

Tu ne devinerais jamais mon cavalier, à moi !

PASIPHAÉ.

Est-ce le mylord Catalan ou le marquis Anglais ?

RAPHAEL.

C'est la grosse cavalerie, çà ; il s'agit de l'infanterie légère...

ZIZI.

Tu sais bien! le petit tapissier qui est en face de chez moi! Eh bien ! il m'a proposé de me tapisser à neuf, si j'acceptais son bras ; j'ai accepté, et il viendra ce soir après le bal prendre mesure de mes appartements.

PASIPHAÉ.

Méfie toi, ma chère, ne prends jamais un amant dans la colle ! C'est dangereux!

RAPHAEL.

Pourquoi cela ?

PASIPHAÉ.

Çà attache trop! Mon premier y était... Dieu sait si j'ai eu à m'en repentir... le scélérat ! je l'aimais trop ! effet de la colle ! je le rencontrai pour la première fois au Jardin des Plantes, entre le palais des singes et la fosse aux ours.

RAPHAEL.

C'était sans doute un orang-outang ou quelque ours mal léché.

PASIPHAÉ.

Il se disait prince de l'Epire...

RAPHAEL.

Peste ! un descendant de Démosthènes !...

PASIPHAÉ.

Pour la blague, oui... car il m'a promis monts et merveilles, des cachemires, des châteaux...

RAPHAEL.

En Espagne, ou en Epire?..

PASIPHAÉ.

En Epire.

RAPHAEL.

C'est pire.

PASIPHAÉ.

Ah ! quel Grec ! il ne m'a fait qu'un cadeau, un diamant ! Eh bien ! il était faux ; encore il me l'a repris sous prétexte qu'il lu venait de sa mère... Ah? ma chère, quel faux Turc !

ZIZI.

Mais tu as dit qu'il était Grec.

PASIPHAÉ.

Turc ou Grec, c'est tout un.

RAPHAEL.

La Grèce et la Turquie sont limitrophes.

PASIPHAÉ.

Le fait est qu'il était artiste colleur chez un tapissier. Un beau matin il m'a plantée là, en me laissant, pour calmer mon trop violent désespoir, un autographe dont les lignes sont restées gravées dans mon cœur ; il s'exprimait ainsi : « Le » travail a cessé, une débine désastreuse m'a envahi. J'ai » conçu un vaste projet, avec lequel je puis réaliser une » fortune... Il s'agit d'une grande spéculation sur les » peaux d'oignons, pour éclaircir la vue ; après laquelle for- » tune réalisée, je te rejoins pour la claquer ensemble. »

ZIZI.

Et tu l'attends encore ?

PASIPHAÉ.

Attente, résultat direct de la colle ! ah ! ma chère, quel colleur !

AIR : *De Turenne.*

Il n'est pas de colleur qui colle
Mieux que ne fit ce colleur là !
Il me disait que j'étais son idole ..
Et cependant il me trompa :
(Soupirant.)
Dieu ! quelle craque il me colla !
Moi qui croyais sa parole sacrée !
Moi qui croyais fidèle son amour!
Je le vis s'éloigner un jour;
Ainsi par lui je fus bernée !

ZIZI.

Mais après une telle école, tu as eu le courage d'aimer Raphaël?

RAPHAEL.

Ah! çà, dites donc, vous! est-ce que, par hasard, vous allez me confondre avec cet Olibrius dans l'amidon?

PASIPHAÉ.

Le peintre, çà tient toujours un peu de la colle, c'est vrai; d'autantqu'il ne deshonore point, (*désignant Raphaël*) celui-là, par ses largesses, l'auguste confrérie.

ZIZI.

Alors pourquoi l'as-tu pris?

PASIPHAÉ.

Suite néfaste d'une première colle!

ZIZI.

Assez causé comme cela; allons faire toilette!

PASIPHAÉ (*à part*)

Moi, je vais prendre possession de mon appartement.

(*Elle sort par la droite.*)

ZIZI.

Ainsi donc, nous ne t'aurons pas ce soir.

RAPHAEL.

Ma foi, non.

ZIZI.

Ce n'est pas bien sûr, et en cas de remords de conscience, nous retournerons dans une heure .. A revoir...

AIR :

Oui nous partons au galop;
Mais nous reviendrons bientôt;
Nous ne croyons pas sitôt,
Que c'est là ton dernier mot!

REPRISE ENSEMBLE.

(Pendant toute cette scène Marie qui s'était assise sur la chaise à gauche, après avoir sorti de l'ouvrage de son petit panier, n'a cessé de travailler. A la sortie, elle remet son ouvrage dans son panier, et sort la dernière, par le fond à droite: arrivée sur la porte, elle se retourne)

MARIE.

A revoir, Monsieur Raphaël

RAPHAEL.

Au revoir, Mlle Marie.

SCÈNE VII.

RAPHAEL, puis CHAUMINET.

RAPHAEL *seul.*

Elle est gentille, cette petite ! Mais quel dommage qu'elle grouille en semblable compagnie !... Monsieur Chauminet va venir. . préparons nos couleurs. (*Il va à la table à gauche et arrange ses couleurs avec un pinceau sur une palette qu'il tient à la main*).

CHAUMINET * (*entrant par le fond.*)

Me voici, mon cher locataire ; vous pouvez disposer de moi pour la première séance. Ah ! tenez, voici une lettre que j'ai trouvée chez le père Chignolet.

RAPHAEL ** (*posant sur une chaise à droite sa palette pleine de couleurs, à part.*)

En croirai-je mes yeux ? une invitation à dîner chez un ami qui fait le plongeon dans le bocal aux cornichons !...** comme ça tombe bien, moi qui ai l'estomac dans les bottes !

CHAUMINET.

Ah ! çà, vous me garantissez la ressemblance, n'est-ce pas ?

RAPHAEL.

Pour un an, comme les horlogers. (*A part.*) Ah ! voici un post-scriptum vexatoire ! — « On ne sera reçu qu'en habit. »

CHAUMINET.

Quand il vous plaira . (*Il pose son chapeau sur la table à couleur, à gauche*).

RAPHAEL (*à part.*)

Que faire ? un propriétaire sur les bras, et pas le moindre habit ! (*regardant Chauminet*) Il en a un, lui ! Est-il heureux ?... Oh ! une idée ! (*haut*) Je suis à vous, monsieur Chauminet... ah! diable ! c'est qu'il me manque une teinte jaune pour les traits... je ne puis commencer sans cela.

CHAUMINET (*à part.*)

Cette couleur-là sera donc toujours mon cauchemar !

* Raphaël, Chauminet.

** Chauminet, Raphaël.

haut). Cela veut dire qu'il faudra revenir plus tard . . C'est contrariant.

RAPHAEL.

Non ; il ne tiendrait qu'à vous d'être expédié tout de suite. . Rendez-moi un service . . . J'ai envoyé ma redingotte chez le teinturier, pour qu'il m'en fasse un habit. . prêtez-moi le vôtre. . .

CHAUMINET.

Mon habit ! quel rapport peut-il avoir avec votre jaune?

RAPHAEL.

Voilà ! c'est que forcé de le prendre à crédit, je craindrais que ma mise n'inspirât pas assez de confiance au marchand.

CHAUMINET.

Vrai ! alors qu'à cela ne tienne ! * (*Il lui donne son habit, et va s'asseoir sur la chaise à droite, où Raphaël a déposé sa palette pleine de couleurs.*)

RAPHAEL (*mettant l'habit de Chauminet et déposant le sien sur la chaise à gauche.*)

A charge de revanche. (*à part*) Enfin, je le tiens.

CHAUMINET (*se levant vivement.*)

Ah ! mon Dieu ! où me suis-je assis ? (*son pantalon est plein de couleur*).

RAPHAEL (*s'en allant.*)

Ce n'est rien. . . c'est de la couleur.

CHAUMINET (*criant.*)

Enfin ! ne vous faites pas attendre . . . vous entendez . . .

RAPHAEL (*à la porte.*)

Oui, cinq minutes, et je suis de retour ; (*à part*) en ajoutant un zéro. (*Il sort par le fond*).

SCÈNE VIII.

CHAUMINET, PUIS PASIPHAE.

CHAUMINET.

C'est un bon jeune homme ! je me félicite d'avoir agi calme plat avec lui ! Je vais donc me voir reproduit sur la toile, et immortalisé en peinture dans mes appartements ! Ah ! je serais le plus heureux des hommes sans ce funeste remords qui vient parfois me faire tressauter dans mon sommeil.

* Raphael, Chauminet.

PASIPHAÉ (*entr'ouvrant la porte de droite et la refermant de suite.*)

Que vois-je ? mon marchand de bouchons !

CHAUMINET (*à part*).

Pasiphaë, Pasiphaë, comme tu as vengé cruellement l'infortunée dont tu as recueilli l'amoureux héritage ! (*au public.*) Car vous le devinez sans doute à mon front chauve et à mon regard brûlant, ma jeunesse a été orageuse, comme celle de Richelieu Oui, mon existence ne peut pas être mieux comparée qu'à un coin de terre humide où poussent çà et là des champignons... Il en a poussé un, entr'autres, dans mon jardin !... C'était une fille; sa mère, bonne et crédule ouvrière, prétendait que, pour cette pécadille, je devais l'épouser... Je fis une pirouette... car s'il fallait épouser toutes les femmes qui vous dotent d'un champignon, je veux dire d'un rejeton, ma foi ! on finirait par posséder un harem plus tumultueux que celui du sultan... elle m'enleva l'enfant que j'avais eu l'humanité de reconnaître, et qui doit être à cette heure une grande et belle fille... Ah ! zet, chassons ce souvenir ! que faire ? Mon Raphaël tarde bien.... Si pendant qu'il n'y est pas, je soulevais ce rideau...

PASIPHAÉ (*qui a écouté, reparaissant*).

Par exemple !... vieux curieux, va !

CHAUMINET (*remontant et voyant la porte de gauche ouverte*).

Que vois-je ! une galerie de tableaux ! Commençons par là ! allons nous distraire ! (*Il sort à gauche*).

SCÈNE IX.

PASIPHAE (*entrant par la droite.*)

Mon marchand de bouchons ici ! que diable y vient-il faire ? Ah ! Monsieur Chauminet, vous vous avisez de briser mes meubles et de déchirer mes effets, sous prétexte de je ne sais quelle infidélité dont je suis incapable ! il n'y a qu'à me voir, pour en être persuadé ! si je pouvais lui jouer quelque tour sanglant ! Réfléchissons !... tiens ! ces statues ! Ah ! quelle idée !

SCÈNE X. *

MARIE, ZIZI, PASIPHAE.

ZIZI *(au fond.)*

Peut-on entrer?

PASIPHAÉ.

On peut.

ZIZI.

Ah ! c'est toi, Pasiphaë ?

PASIPHAÉ.

Et votre bal ?

ZIZI.

Renvoyé.

PASIPHAÉ.

Pourquoi cela ?

ZIZI.

Mon petit tapissier s'est excusé ; le drôle prétend être chargé d'ouvrage.

PASIPHAÉ.

Il aura été prendre mesure ailleurs de quelque autre appartement.

ZIZI.

Ah ! les hommes ! les hommes ! vois-tu ? Comme l'a dit un grand auteur, les hommes ne valent pas le diable !

MARIE *(à part.)*

Et bien des femmes.

PASIPHAÉ.

Mais il ne s'agit pas de cela . . voulez-vous m'aider dans une vengeance à exercer, et dans un bon tour à faire ?

ZIZI.

Oui, oui. . .

PASIPHAÉ *(écoutant à gauche).*

Des pas ! . . . c'est lui ! . . . venez. . . suivez-moi ! . . .

(Elles sortent toutes trois par la droite).

SCÈNE XI.

CHAUMINET, *(à moitié ivre, tenant une bouteille à la main, et venant de gauche.)*

Le peintre n'était pas aussi gascon que je le croyais, quand il m'invitait à prendre un siège et à me rafraichir...

* Marie, Zizi, Pasiphaé.

la mémoire... figurez-vous que dans cette galerie, au-dessous d'un tableau représentant la tempérance, j'ai découvert une délicieuse cachette, et dans cette cachette le petit glou glou que voici... Rhum vieux... 1855... Le Rhum est tout le contraire des femmes, bien qu'il grise comme elles... plus il est vieux, meillleur il est. . hélas ! plus les femmes sont vieilles, et plus... n'importe !... aussi, ma chérie, je te préfère désormais à toutes les femmes !... viens! que je t'embrasse encore! *(après avoir bu, la regardant)* déjà vidée... c'est dommage... *(la jetant dans un coin)* je te méprise .. C'est égal ! je ne vais pas mal... je me sens des dispositions à aller faire un voyage à Paphos...

(*Chantonnant*).

Ah ! qu'il fait donc bon !
Qu'il fait donc bon cueillir la fraise,
Au bois des Bagneux,
Quand on est deux...

Quand on est deux, quand on est trois... quand on est quatre... plus on est de fous, plus on rit...

SCÈNE XII. *

CHAUMINET, PASIPHAE, (*à droite.*)

PASIPHAÉ. (*à part.*)

Oh ! le malheureux ! dans quel état ! il aura trop bu, comme toujours...

CHAUMINET *(à part)*.

Une femme ! *(avec embarras, et tâchant de cacher son pantalon)* et moi qui ai l'air d'un biberon qui a sali son maillot ! *(haut)* Madame, veuillez m'excuser, Madame... *(apercevant le paletot de Raphaël posé sur la chaise.)* Ah! la défroque de l'artiste ! (*il l'endosse)* trop courte !

PASIPHAÉ *(éclatant de rire en l'apercevant)*.

Bah ! péché moitié caché est à moitié pardonné... Monsieur Chauminet, j'écrirai à votre nourrice que vous ne vous comportez pas bien.

CHAUMINET.

Ah ! ah ! c'est vous, Pasiphaë! *(à part)*. La dernière ancienne que j'ai mise en plan!.. *(à Pasiphaë)* Il fallait donc le dire tout de suite... il m'était assez difficile de vous

* Chauminet, Pasiphaé.

reconnaître dans cet accoutrement bizarre... Vous m'avez mis dans un embarras... mais n'allez pas croire... ce n'est que de la couleur ! .

PASIPHAÉ.

Dieu ! que vous avez donc l'air Jocrisse !...

CHAUMINET.

Pasiphaë... Pasiphaë, ne mécanisez pas un homme qui avait toutes les qualités voulues par la loi, pour faire votre bonheur.

PASIPHAÉ.

Monsieur Chauminet, vous êtes une huitre !

CHAUMINET.

Je n'en disconviens pas, car j'ai eu la sottise de m'attacher à vous... Hélas ! n'êtes-vous pas le rocher contre lequel j'ai passé ma vie à me briser les organes de l'intelligence.

PASIPHAÉ.

C'est dur à entendre ce que vous dites-là !

CHAUMINET.

C'est indigne... mais enfin, pourquoi m'avoir si mal traité ? Pourquoi avez-vous redouté de m'aimer?

PASIPHAÉ.

Trompée par un premier amour, Monsieur Chauminet, *(baissant les yeux)* le seul à qui mon cœur se *fusse* jamais donné, je redoutais les douleurs d'un second échec ; et si vous me l'eussiez demandé, je vous *eusse* dit : qu'avant que mon cœur se *laissasse* prendre une deuxième fois, il faudrait qu'un homme *m'aimasse* bien, pour que je lui *cédasse*. Vous me proposâtes votre fortune, mais pour que je vous *crusse*, il aurait fallu que je la *visse*...

CHAUMINET.

Oh ! Pasiphaë, si je l'eusse su plus tôt.

PASIPHAÉ (*éclatant de rire.*)

Ah ! ah ! ah !

CHAUMINET.

Et vous riez encore... et vous ne rentrez pas sous terre... et vous arborez sans sourciller sur cet affreux bastion *(il désigne le chapeau de Pasiphaë)* l'étendard de la sédition féminine. *(Il montre le voile)*.

PASIPHAÉ.

Cette couleur ne vous plait pas.. c'est malheureux ! vous avez cela de commun avec plus d'un mari.

CHAUMINET.

Vous croyez . eh bien! alors !... gardez... gardez ce voile, Pasiphaé... qu'il flotte toujours sur votre tête, comme un avertissement salutaire ! Et puisse-t-il, à l'instar des drapeaux sauveurs de nos lazarets, prévenir du danger les malheureux papillons qui seraient tentés de brûler leurs aîles à la flamme de vos yeux.

PASIPHAÉ (*s'éloignant par la droite.*)

Ah ! ah ! ah ! il est fou (*A part.*) Allons préparer ma vengeance.

(*Elle entre à droite.*)

SCÈNE XIII.

CHAUMINET *seul.*

Elle est partie... être berné ainsi à mon âge, c'est affreux ! et ce barbouilleur avec mon habit qui ne revient point... Ah !... il me prend des idées de destruction... il compte beaucoup sur ses trois chefs-d'œuvre, le rapin ! Les trois grâces modernes, comme il les appelle ! si je leur cassais le nez, à ces trois grâces. . oui, oui, ce serait une bonne vengeance... (*Il va en trébuchant relever le rideau de droite, puis poussant trois cris d'exclamation successifs.*) Ah ! oh ! ah ! comme c'est nature ! (*il demeure extasié.*) Les jambes m'en rentrent dans l'abdomen !... Ah ! comme c'est fini... (*Il s'approche et va pour regarder les pieds de la première statue qui lui enfonce le chapeau sur les yeux.*) Ah ! qu'est-ce qui me tombe sur la tête ? (*Voyant un énorme morceau d'argile à côté de l'estrade.*) C'est sans doute ce morceau d'argile... Comme c'est moulé... comme c'est achevé ! (*Il s'approche de la seconde statue, lui touche la taille, puis au moment où il dirige ses mains plus haut, la statue lui donne un soufflet qui le fait pirouetter face au public.*) Aïe ! aïe ! aïe ! comme c'est touché, j'en ai vu trente-six chandelles !... Il faut qu'elles soient machinées ces statues ! j'aurai touché le grand ressort ! (*La troisième statue lui donne un coup de pied plat dans le dos, il tombe à plat ventre. Les rideaux se referment. Cherchant à se relever.*) Décidément, il y a complication de mécanisme.

SCÈNE XIV.

RAPHAEL, CHAUMINET.

RAPHAEL.

Il y avait long-temps que je n'avais si bien diné... j'ai savouré d'un petit Bourgogne qui m'a mis d'une gaité.. Ah! comme ma chambre tourne... (*Trébuchant sur Chauminet.*) Que faites-vous donc là, vous?

CHAUMINET (*embarrassé.*)

Je promène.

RAPHAEL.

A quatre pattes... animal!

CHAUMINET (*d'une voix lamentable.*)

Tends-moi une main secourable, Raphaël... Je suis contusionné.

RAPHAEL.

Qui est-ce qui vous a enfoncé votre chapeau comme ça? ce n'est plus un gibus, c'est un casque... (*Il le lui prend et le pose sur la table à couleur à gauche, en le mettant dans sa forme primitive.*)

CHAUMINET.

C'est ton grand ressort...*

RAPHAEL.

Mon grand ressort!...

CHAUMINET.

Examine-le, Raphaël : bien sûr; il est détraqué.

RAPHAEL.

Qui? quoi?

CHAUMINET.

Ton grand ressort.

RAPHAEL.

Eh! c'est le vôtre plutôt.

CHAUMINET.

Non... car je m'explique maintenant le contrepoids qui m'est tombé sur la tête...

RAPHAEL.

Quel contrepoids? Ah! ça! Mais il est timbré, comme ses citations de congé.

* Raphaël, Chauminet.

CHAUMINET.

Maintenant, je me rends compte... en faisant jouer trop fortement le grand ressort, la corde se sera rompue...

RAPHAEL.

Quelle corde ?

CHAUMINET.

La corde du contrepoids donc !

RAPHAEL.

Je crois plutôt que c'est celle de votre cerveau !

CHAUMINET.

Monsieur ! elle est solide, celle de mon cerveau, elle ne s'est jamais cassée. (*Il le menace.*)

RAPHAEL.

Arrière ! malheureux ! vous avez du fauve dans le regard !

CHAUMINET.

Monsieur !... vous m'insultez encore... Monsieur, vous m'insultez toujours... c'est assez de mystifications comme cela, et je commence à m'apercevoir qu'on se moque de moi ici... Depuis que j'ai franchi le seuil de cet antre, je suis en butte à tous les désagréments imaginables !... ce matin, vous avez tâché de me faire entrevoir une prétendue comète. Vous m'empruntez mon habit... Je m'assieds dans du jaune, ce qui a pu faire supposer des choses fort désagréables ; vous me faites poser ; un contrepoids me tombe sur la tête ; on me giffle ; on me fait faire une promenade de grenouille, et pour couronner l'œuvre, vous faites des accusations biscornues à l'endroit de mon cerveau ! Ah ! c'est trop fort... Monsieur, depuis ce matin, vous m'en faites voir de toutes les couleurs.

RAPHAEL.

Que pouviez-vous espérer chez un peintre ?...

CHAUMINET.

Ah ! vous le prenez sur ce ton...je sors de mon caractère à la fin, et je vous signifie, que si je ne suis pas payé sur l'heure, je vais faire saisir vos statues (*allant au fond.*) Holà ! Chignolet, des commissionnaires ! *

RAPHAEL.

Arrêtez, qu'une main profane ne souille pas mon œuvre !

CHAUMINET.

Je n'écoute rien.

* Chauminet, Raphaël.

RAPHAEL.

Cependant il faut savoir d'abord si elles voudront vous suivre.

CHAUMINET (*prenant son chapeau et le mettant sur l'oreille.*)

Monsieur !... pousseriez-vous la plaisanterie jusqu'à vouloir me faire jouer, pour vous jouer de moi, le prologue des *Filles de Marbre*?

RAPHAEL.

J'ai cette prétention.

CHAUMINET.

Alors, de la bougie, que j'éclaire les statues ! (*il va à la cheminée et allume une bougie.*) Je commence.. (*il se dirige vers les statues, la bougie à la main ; le dessus de son chapeau qu'il avait déposé sur la table et qui s'est imbibé d'essence de térébenthine prend feu.*)

RAPHAEL.

Votre gibus qui brûle. (*Apart.*) Il l'aura posé sur cette table qui est pleine de térébenthine...

CHAUMINET (*sans bouger.*)

Au feu ! au feu !

SCÈNE XV. *

LES MÊMES, CHIGNOLET, PUIS ZIZI, MARIE, PASIPHAÉ.

CHIGNOLET (*accourant et sur le seuil de la porte du fond.*)

Que vois-je ? mon maître qui brûle... je vais chercher les pompes.

RAPHAEL (*l'arrêtant.*)

Inutile ! (*Il prend un linge empreint d'argile qui est posé dans un coin à droite ; il en entoure le chapeau de Chauminet.*) Eteint !

CHAUMINET.

Ouf !

CHIGNOLET.

Voilà cinquante ans que je suis portier... j'ai vu bien des maisons brûler avec leurs propriétaires... mais des propriétaires sans leurs maisons, jamais.

CHAUMINET (*à part*)

Dorénavant je me ferai assurer...

* Chauminet, Raphael, Chignolet.

RAPHAEL.

Mais que ce petit incident...

CHAUMINET.

C'est incendie que vous voulez dire...

RAPHAEL.

N'arrête pas le cours de nos opérations. . Approche Chignolet, tu es sale et crasseux... puis, tu aboies avec un art... c'est ton métier, tu es portier... Je te distribue le rôle de Diogène... as-tu ta lanterne?

CHIGNOLET (*sortant une petite lanterne de sa poche.*)

Voilà!

RAPHAEL.

Il n'y a rien dedans! c'est égal, ta lanterne s'appellera l'obscurité.

CHAUMINET.

Elle ne sera pas moins claire pour cela que certaines vérités... Eclaire-nous! (*Raphaël tire le rideau de droite.*)

CHIGNOLET (*extasié à la vue des statues.*)

Ah! Dieu! la collection de belles femmes! *

CHAUMINET.

Comment se nomment-elles?

RAPHAEL.

Pasiphaë.

CHAUMINET.

Tiens! je la reconnais, celle-là! tu l'as donc faite poser, Raphaël? chacun son tour! Elle en avait fait assez poser d'autres!.. Ensuite...

RAPHAEL.

Marie, Zizi...

CHAUMINET.

Pasiphaë, Marie, Zizi.. je suis Epaminondas Chauminet, le plus riche marchand de bouchons retiré du commerce de tout Paris.

RAPHAEL.

Retiré du commerce de tout Paris.

CHAUMINET.

Tais-toi... fais-moi le plaisir de ne pas me troubler, polisson! (*Aux statues*) et je vous offre... Qu'est-ce que je pourrais bien leur offrir... Ah! je vous offre des appartements cirés...

* Chauminet, Raphaël, Zizi, Marie, Pasiphaë, Chignolet.

RAPHAEL.

Sans rien dedans...

CHAUMINET.

Avec... gredin !. . avec... et des marabouts et des cachemires...

PASIPHAÉ.

Et des bouchons !

CHAUMINET.

Tiens !... la statue qui a parlé ?

RAPHAEL.

C'est vrai !

CHIGNOLET.

Ah ! bah !

CHAUMINET.

(*Aux statues*) oui, des bouchons, petite arrogante, des bouchons à discrétion !. Qui choisissez-vous ? (*Les statues de droite et de gauche descendent lentement l'estrade et vont se placer à droite et à gauche de Chauminet qui recule effrayé devant elles ; Chignolet s'enfuit épouvanté.*)

RAPHAEL (*stupéfait*)

Que vois-je ? mes statues qui marchent... qu'est-ce que cela signifie ? Tiens ! celle du milieu qui ne bouge pas... J'ai plus de chance que Phidias. (*A la statue qui est toujours immobile*) Vous restez donc avec moi !

MARIE (*descendant de l'estrade et venant se ranger timidement à côté de Raphaël*)

Oui !

CHAUMINET (*hébêté.*)

Elles parlent aussi ! ** des statues qui parlent.

RAPHAEL (*les reconnaissant.*)

C'est curieux, hein !

TOUTES (*riant.*)

Ah ! ah ! ah ! ah !

CHAUMINET (*les reconnaissant.*)

Dieu ! que je suis bête... je les reconnais... ce sont les originaux...

PASIPHAÉ (*allant tirer le deuxième rideau de l'estrade et découvrant les véritables statues.*)

Dont voici les copies. (*Elle referme les rideaux.*)

* Chauminet, Zizi, Pasiphaé, Raphael, Marie.
** Zizi, Chauminet, Pasiphaé, Raphaël, Marie.

RAPHAEL.

Marie, puisque vous me restez, vous m'aimez donc ?

MARIE (*baissant les yeux*)

Oui !

RAPHAEL.

Il se pourrait ? alors, vous serez ma jolie maîtresse.

MARIE (*vivement.*)

Non, Raphaël, vous respecterez une orpheline. .

RAPHAEL.

Orpheline ! si jeune !... Marie, je remplacerai vos parents... je vous épouse, je serai votre mère... c'est-à-dire... non... je ne sais plus ce que je dis, enfin, je serai tout ce que vous voudrez, car vous êtes mon bon ange...

MARIE.

Oui, votre bon ange... qui vient vous rendre au bonheur (*sortant un portefeuille de son sein et le lui donnant*) et à la fortune.

RAPHAEL.

Mon portefeuille ! Ah ! mon Dieu !...

MARIE.

Ce fut moi qui le ramassai derrière vous, et qui, payant votre dépense, vous fis élargir de ce vilain cachot...

RAPHAEL.

Oh ! Marie, merci, Marie... Ah ! ma jolie grisette... votre race n'est donc pas éteinte ! (*à Marie*) Aussi, désormais, je veux passer ma vie à vous rendre heureuse.

MARIE (*à Raphaël*).

Vrai ! alors prenez cette lettre que ma mère me remit à son lit de mort ; elle est destinée à celui que mon cœur choisira pour époux.

RAPHAEL (*décachetant la lettre et lisant*).

Que vois-je ? * (*allant à Chauminet et lui présentant la lettre.*) Lisez, Monsieur ?

CHAUMINET (*lisant.*)

Ciel !... Dieu !... quoi !... elle !... ma rejetonne ! (*à Marie.*) Embrasse-moi.

TOUS.

Sa fille !

* Zizi, Pasiphaë, Chauminet, Raphaël, Marie.

MARIE *(étonnée, et avec une certaine répugnance).*
Vous, mon père ! *

CHAUMINET.

Cela t'étonne. *(Il se frotte le menton et se promène avec importance.)* Oui, ma petite Nini... Je suis ton papa chéri... car je t'appellerai Nini, tu sais... Nini ou Marie, c'est à peu près la même chose... Raphaël, tu es un drôle, je ne m'en dédis pas... et pourtant je te donne ma fille.. car les drôles ont généralement bon cœur... à preuve ton beau-père ! *(Il essuie une larme).*

PASIPHAÉ.

Et quand je pense que j'ai failli devenir leur belle-mère... *(soupirant).* Oh ! la société ! la société !...

ZIZI.

Diable ! il paraît que ça rapporte d'être vertueuse... à dater d'aujourd'hui, je retourne à l'atelier

PASIPHAÉ.

Et moi aussi; adieu, Mabille !

RAPHAEL.

C'est ce que vous avez de mieux à faire,** si toutefois le baromètre de votre cœur ne marque pas encore dix degrés au-dessous de zéro.

CHAUMINET *(s'avançant.)*
Messieurs...

(L'orchestre exécute la polka des Pièces d'Or; seulement on doit remplacer les pièces d'or par des gros sous.)

RAPHAEL.

Oh ! la pâle imitation !... du cuivre pour de l'or !

CHAUMINET.

Tais-toi, ça ne te regarde pas... méfiez-vous...

AIR : *De la ronde des pièces d'or.*

Aimes-tu, public honnête,
La mer, le soleil couchant,
Une piquante lorette
Un bon beefteack tout saignant,
Aimes-tu l'amour chimique
De tous ces gentils démons,

* Zizi, Pasiphae, Chauminet, Marie, Raphael.
** Zizi, Pasiphoe, Chauminet, Raphael, Marie

Dont la flamme phosphorique
Passe au creuset vos doublons ?
Non, non,

RAPHAEL.

Si, si !

CHAUMINET.

Non, non,

RAPHAEL.

Si, si !

CHAUMINET.

Ah ! quelle scie ! voilà encore que nous sommes en désaccord... J'en appelle au public ..

RAPHAEL.

Et moi aussi.

ENSEMBLE *(continuant l'air.)*

Messieurs qu'aimez-vous donc ?

CHAUMINET.

Un ravissant vaudeville,

RAPHAEL.

Tel que nous vous le donnons;

CHAUMINET.

Donc pour nos filles d'argile,

RAPHAEL.

Montrez-vous cléments et bons!

(Bruit de grosse caisse exécutant la reprise de l'air; ils relèvent tous deux leurs manches et faisant mine d'applaudir.)

Nous, voilà ce que nous aimons !
Oui, voilà ce que nous aimons !

FIN.

www.ingramcontent.com/pod-product-compliance
Ingram Content Group UK Ltd.
Pitfield, Milton Keynes, MK11 3LW, UK
UKHW021932190726
13853UKWH00002B/993

9 782329 563527